青少年运动技能等级标准与测试方法丛书

青少年啦啦操
运动技能等级标准与测试方法

全国青少年运动技能等级标准研制组　组编

科学出版社

北京

内 容 简 介

本书介绍了青少年啦啦操运动技能等级标准与测试方法,主要内容包括测试场地、器材、设备及人员配备要求,测试的总体要求,各等级测试科目,一~九级测试方法,各级测试方法中规定了该级测试方法及要求、达标标准,并对测试动作辅以图示及说明。

本书可供国家及各级教育主管部门、体育主管部门,各级体育协会、体育院校及中小学校,社会性体育培训组织相关单位人员参考、使用。

图书在版编目(CIP)数据

青少年啦啦操运动技能等级标准与测试方法 / 全国青少年运动技能等级标准研制组组编. -- 北京:科学出版社, 2025. 4. -- (青少年运动技能等级标准与测试方法丛书). -- ISBN 978-7-03-081924-6

Ⅰ. G831.32

中国国家版本馆 CIP 数据核字第 2025X2C376 号

责任编辑:张佳仪 / 责任校对:谭宏宇
责任印制:黄晓鸣 / 封面设计:殷 靓

科学出版社 出版
北京东黄城根北街 16 号
邮政编码: 100717
http://www.sciencep.com

上海景条印刷有限公司印刷
科学出版社发行 各地新华书店经销

*

2025 年 4 月第 一 版 开本: B5(720×1000)
2025 年 4 月第一次印刷 印张: 5 1/4
字数: 83 000
定价: 70.00 元
(如有印装质量问题,我社负责调换)

"青少年运动技能等级标准与测试方法丛书"
专家指导委员会

（按姓氏笔画排序）

王培锟　叶玮玮　吉　宏　孙麒麟　吴　瑛　邱丕相　何志林
余丽桥　邵　斌　孟范生　梁文冲　虞定海　戴金彪

第二版丛书序

//

2018年4月，我国第一套涵盖11个运动项目的"青少年运动技能等级标准与测试方法"（以下简称"标准"）面向社会公开发布。同期，"标准"丛书由科学出版社正式出版。"标准"自问世以来，得到了教育部、国家体育总局、上海市教委、全国体育行业职业教育教学指导委员会，以及相关运动项目协会的高度肯定和大力支持，对推动青少年体育的发展起到了积极的作用。

截至目前，全国已有16个省（自治区、直辖市）的9 000余名体育工作者接受了"标准"考评员培训，已有27个省（自治区、直辖市）的300余家社会机构组织开展了"青少年运动技能等级标准"测评，参加社会化测试的青少年近万人，有力推动社会力量对青少年体育发展做出贡献。上海市中小学校自2018年将"标准"作为推进学校体育工作的重要抓手，全面开展针对青少年学生的运动技能等级测试以来，到2019年底共测试中小学生超过10万人，测试结果为深入了解青少年学生运动技能掌握的实情、发现体育教学中存在的问题提供了有力参考。同时，针对体操、高尔夫球、羽毛球等项目，创新性地开展了比赛与测试相结合的标准等级赛，极大地激发了青少年参与比赛的热情，丰富了比赛的内涵，提升了青少年参与比赛的获得感，产生了良好的社会效益。

2018年12月，"标准"丛书获得了第27届上海市中小学、幼儿园优秀图书评选活动二等奖。2019年4月，"标准"丛书被列入上海市中小学、幼儿园图书馆（室）图书配置推荐目录。"标准"部分内容也在2019年被上海市初中教材《体育与健身》采纳，正式作为上海市初中生的体育课程学习内容。

"标准"在国内得到多方认可的同时，也受到了国际同行的关注。2019年4月出版的《青少年软式曲棍球运动技能等级标准与测试方法（中英文版）》得到了国际软式曲棍球联合会和亚洲大洋洲软式曲棍球联合会的认证，成为该项目的国际标准。这为"标准"在世界范围内的传播开了先河，彰显了我国青少年体育发展成果的国际影响力。

首批11个运动项目的"标准"出版后，引起了广大体育同行对青少年体育技能发展问题的关注，并积极投入到新"标准"的研制工作中。到目前为止，上海体育学院、成都体育学院、沈阳体育学院、哈尔滨体育学院、南京体育学院、宁波大学、上海理工大学、东华大学等单位积极支持科研人员参与到新"标准"的研制中，先后正式出版了软式曲棍球、健美操、体育舞蹈、艺术体操、空竹、跳绳6个项目的"标准"用书。此外，攀岩、轮滑等10余个新兴和时尚运动项目也已被纳入了研制和出版计划。

在首批"标准"的推广应用过程中，部分专家学者及广大使用者对进一步完善"标准"提出了非常宝贵的意见。研制组在对这些意见进行认真梳理和广泛讨论的基础上，决定开展对首批"标准"的完善和升级工作。经过近1年的努力，率先完成了足球、篮球、排球、羽毛球和高尔夫球5个项目的"标准"（第二版）工作。"标准"（第二版）主要有以下一些变化。

一是标齐等级难度。各项目研制组在基于前期测试的基础上，结合专家意见，尽可能标齐了不同项目同一等级的难度，增强了"标准"等级之间的可比性。

二是采用百分制。每一等级测试均采用百分制，提高了"标准"同一等级内的区分度，为中小学校利用"标准"开展学生体育学业评价提供方便。

三是提升测试效率。对部分之前测试较烦琐、耗时较长的科目进行了改进，简化了测试流程，增强了测试简便性，提升了测试效率。

四是提高严谨性。对各项目标准中存在的错误进行修订，对部分测试指标进行调整，并对第一版中的文字、图片和视频进一步完善。

在"标准"投入应用后，广大中小学体育教师、社会体育俱乐部教练对于如何指导青少年学练"标准"各等级测试动作产生了强烈需求。为此，各项目研制组针对各级测试的动作技术关键、易犯错误、教学步骤及学练方法等内容开展了教学指导用书的编写工作，以期"标准"能更好地为青少年体育实践服务。此外，各项目"标准"研制组积极开展人工智能测试工具的研发，为实现全程自动化测试奠定了基础。

不忘初心，方有正确航向。千锤百炼，才能永葆生机。希望通过不断的修订，能够提升"标准"的质量，打造出精品，为青少年的体育发展提供不竭动力。当然，由于研制者学识、能力和水平有限，"标准"丛书可能存在疏漏和不足之处，恳请各项目专家学者和实践应用者提出宝贵意见，以供进一步完善。

陈佩杰　唐　炎

2020年4月15日

第一版丛书序

2017年11月，国家体育总局、教育部、中央文明办、国家发改委、民政部、财政部和共青团中央7部门联合制定出台了《青少年体育活动促进计划》，明确提出"研究建立青少年运动技能等级评定标准"，并要求"各级教育部门应将运动技能等级纳入学生综合素质评价体系"。运动技能水平是衡量个体体育综合能力的关键指标，让青少年掌握1～2项运动技能是国家对青少年体育教育的基本要求。然而，如何客观有效地评判青少年运动技能的掌握水平，我们还缺乏一套行之有效的标准。毋庸讳言，当前运动技能等级标准的缺失已经成为制约青少年体育改革发展的主要因素。这对学校体育与健康课程改革的效果检验和深入推进、青少年体育素养水平评价的实施及社会性青少年体育培训的规范开展都造成了影响。因此，制定一套能展现运动项目特征、反映运动技能进阶规律、科学性强且便于测试的"青少年运动技能等级标准"（以下简称"标准"）已迫在眉睫。

2016年3月，上海体育学院组建了"标准"研制组并开展相关工作。经过广泛的专题调研和充分的分析讨论后，研制组确立了四等十二级制的"标准"体系构架，并以"标准"指标能反映运动项目的实际运用能力、能反映个体运动技能水平的变化、能促进青少年运动参与的积极性、能与竞技体育运动等级标准有效衔接为基本思路，依托中国乒乓球学院强大的科研力量，以乒乓球运动技能等级标准的研制为突破口，以点带面地推进研制工作。2017年4月12日，研制组首先发布了《青少年乒乓球运动技能等级标准》（以下简称《乒乓球标准》）。《乒乓球标准》的发布得到了中国乒乓球协会与上海市教委相关领导、乒乓球界多位名宿与专家的高度肯定，国家体育总局官网、新华网、环球网等数十家媒体予以报道。在《乒乓球标准》成功发布的基础上，研制组进一步优化研制思路和路径。又历时1年，经过对9 000余名青少年进行测试和数十轮专家研讨，研制组先后完成了足球、篮球、排球、羽毛球、网球、高尔夫球、田径、体操、游泳、武术10个运动项目的"标准"研制工作。上海市学生体育协会对"标准"高度认可，并采纳其全部内容用于促进青少年学生体育活动的开展工作。同时，"标准"已作为行业主体在上海市质量技术监督局申请为"团体标准"。"标准"的正式出台对于推动青少年体育发展可以起到以下几方面的作用。第一,"标准"的体系构架能够实现普通青少年与精英运动员的运动技能水平评定的衔接,能够为体育管理部门掌握青少年运动技能等级分布情况、规划运动项目发展方向提供支撑。第二,"标准"的指标设计充分考虑到运动项目参与主体的获得感,青少年在每一阶段的进步均能通过等级的进阶得到证明,从而更好地激发和维持青少年积极参与运动的热情。第三,"标准"在对个体参与测试的资格上添加了运动经历的要素,要求被测试者从进入"提高级"的测试开始,必须要具备相应的运动经历才能参与测试。这样的设置突出了"标准"作为评价工具的发展功能,能够避免青少年将技能等级提升与运动实践相割裂的弊端,从而更好地带动青少年积极运动。第四,"标准"指标体系的科学性及测试方法的便捷性能够为学校开展体育技能教学、评定学生体育技能水平提供技术支撑,能够为教育部门开展学生体育素养测评提供科学便捷的工具,更好地实践体育与健康课程的育人价值。第五,"标准"能够为各种青少年体育培训机构的培训质量提供明确的评价依据。当前,青少年体育培训机构虽然蓬勃发展,但也良莠不齐。评价培训质量的指标较多,而青少年运动技能水平的提升程度无疑才是评价培训质量优劣的重要参考。

从提出研制思路到最终成稿,上海市教委都给予了极大的支持与帮助。同时,上海体育学院国家社会科学基金重大项目"中国儿童青少年体育健身大数据平台建设研究"研究团队从项目设计开始,就将"标准"的研制作为主要的研究任务之一,并形成了专门的研究小组进行技术攻关。此外,各运动项目领域的诸多专家及协会、众多中小学学校及社会性体育培训机构也在本"标准"的研制过程中提供了大量帮助。在此,向所有为"标准"的研制工作贡献力量的人员表示衷心的感谢!

受学识的限制,"标准"肯定存在着诸多不完善的地方。因此,恳请广大专家学者以及应用"标准"的相关机构、组织及个人不吝赐教,多提宝贵意见,为"标准"的进一步完善提供真知灼见!

陈佩杰　唐　炎
2018 年 3 月 12 日

编写说明

//

"青少年运动技能等级标准与测试方法"丛书的编写特点如下：

● **科学性强**　基于万余名青少年的测试数据，经过数十轮专家论证而制定。各等级的测试科目基本涵盖了该项运动的主要技术，体现了运动项目的本质特征和运动技能的进阶规律。

● **客观性强**　研制过程中尽可能采用智能化的测试手段，能够有效避免主观因素的干扰。此外，还对各运动项目的测试场地、器材、设备、考官及被测试者提出了统一要求，从而保证了不同测试基地间测量的可信度。

● **操作性强**　在保证科学性和客观性的基础上，力求各运动项目等级的测试方法更简单易行，耗时更少。

● **引领性强**　不同运动项目的相同等级难度设置基本对等，具有一定的层次性。从"提高级"开始，要求具备相应的运动经历，能够激发和维持青少年的运动参与热情。

● **贯通性强**　能与高水平竞技运动有效衔接，从而实现普通青少年与运动精英在技能上的贯通。

● **直观性强**　各等级测试过程中的动作要点均辅以图片进行说明，且每项测试科目都配有示范内容的视频，通过扫描二维码，即可直观、便捷地了解测试内容与方法。

目　录

//

青少年啦啦操运动技能等级标准与测试方法

啦啦操是一项在音乐伴奏下，将花球作为项目道具，以啦啦操基本手位为基础，完成舞蹈操化动作的、具有难度技术和技巧挑战的运动。啦啦操能够改善青少年的外貌气质、培养其审美意识、提高其身体素质、提升其竞技能力和团队协作能力，以及增强集体荣誉感。啦啦操具有持续变化舞蹈操化动作、不断进阶难度技术和技巧的特点，能够综合训练青少年的协调性、灵活性、柔韧性、爆发力、耐力。

为了更有效地帮助青少年掌握啦啦操的运动技能，促进青少年健康，同时也为推动啦啦操运动的良好发展，特制定"青少年啦啦操运动技能等级标准"（以下简称"标准"）。本"标准"在整体上采用四等十二级制。其中，一～三级为入门级，四～六级为提高级，七～九级为专业级，十～十二级为精英级。本"标准"仅针对一～九级，预留十～十二级与高水平运动员等级相衔接。

测试场地、器材、设备及人员配备要求

场地

测试场地长度为13米,宽度为12米,高度不低于6米。

一～三级测试场地可使用普通木地板或地毯。四～九级测试场地应采用啦啦操专业竞赛地胶或地毯。

器材

所有道具和器材必须符合国家相关标准。啦啦操运动采用的道具是专业啦啦操花球。

设备

测试场馆配备辅助医用急救包1套,录像、音响设备各1套,专用电脑2台,配备网络接口,并保证网络畅通。

人员

主考官:3名。

助考官:2名。

其他考务人员:若干名。

测试的
总体要求

▎测试规则▎

被测试者首次申请测试时，可以从一～三级任意等级开始，但应依据练习年限与啦啦操运动自身水平进行预估。首次测试通过后方可申请高一等级的测试。四级以上须按照等级顺序依次进行，不通过者须降低一等级重新申请。被测试者须服从测试规则。

本"标准"对具体评定等级划分和各等级测试内容、方法、科目分值进行规范。

▎被测试者要求▎

被测试者必须身着专业啦啦操服，携所需的花球道具参加测试，在进行充分的热身和准备活动后方可参加测试。

▎考官要求▎

考官的着装应符合啦啦操运动项目的要求，助考官也应着正装进行测试。测试前，考官应认真检查测试场地器材及设备，提醒被测试者做好充分的准备活动。

▎测试点要求▎

测试场馆必须保持场地干净、整齐、卫生、明亮，测试区域内无易造成伤害事故的物体或其他安全隐患，必须有安全出口和紧急疏散通道，同时须制定应急预案。整个过程须全程录像。

各等级
测试科目

等级	科目	
一级	交替前踢腿、连续4次纵跳、站立45°控腿(前、侧；左右腿均可)、单腿跳方格	成套组合
二级	连续4次交替前踢腿、连续4次小分腿、双腿并脚提踵、单吸腿连续同向90°转体2次	成套组合
三级	原地前、侧吸踢腿、连续2次纵跳+小分腿跳，单腿吸+抱腿控，连续4次吸腿提踵	成套组合
四级	三面叉、立转360°(左右腿均可)、纵跨跳	成套组合
五级	原地后接环、连续4次180°平转、屈体分腿跳、前滚翻	成套组合
六级	地面抱前(侧)腿、连续4次360°平转、侧跨跳、双臂侧手翻	成套组合
七级	站立抱前腿、立转720°、行进间高科萨克跳、过肩翻	成套组合
八级	抱腿侧倒、阿拉C杠4圈、抱前腿转360°、反身屈体分腿跳、单臂侧手翻	成套组合
九级	高控腿、阿拉C杠4圈+立转720°、水平前控腿转360°、屈体分腿三连跳、侧空翻	成套组合

一级测试

科　目

//

▌测试方法及要求▐

被测试者须完成规定难度动作及成套组合。被测试者上场呈站立位，准备好后向主考官举手示意，主考官给出口令提示并开始测试。口令为："规定难度动作一（二、三……）——准备——5、6、7、8（被测试者配合口令开始动作）——（口令结束）停。

规定难度动作：交替前踢腿、连续4次纵跳、站立45°控腿（前、侧；左右腿均可）、单腿跳方格。每一个动作完成后考官评分。

成套组合：播放音乐，被测试者配合音乐完整做出成套动作。组合完成后，考官评分。

考官根据被测试者每一个动作完成的质量进行评分。其中，规定难度动作为10分/个（身体姿态直立舒展，动作完成过程连续且稳定，能明显看出身体的控制），总分40分；成套组合为60分（身体姿态直立舒展，手位动作发力迅速、定位精准、路线清晰，节奏表达准确）。

一级测试
成套动作

▌动作图示及说明▐

● 交替前踢腿 ●

● 并腿站立，双手侧平举

● 左腿向前迈出

● 右腿前踢

● 右腿落地成后点地

● 收前腿并脚站立

● 右腿向前迈出

● 左腿前踢

● 左腿落地成后点地

● 收前腿并脚站立

● 连续4次纵跳 ●

● 双腿并拢呈屈膝姿态,双手后"M"叉腰

● 并腿垂直向上起跳

● 落地缓冲

● 还原呈站立姿态(连续4次)

● 站立45°控腿(前、侧;左右腿均可) ●

● 并腿站立,双手侧平举

● 右腿前、侧45°控腿,并停留4秒

● 并腿还原站立姿态

● 单腿跳方格 ●

● 并腿站立,双手后"M"叉腰   ● 左脚推重心向前跨出

● 稳定重心收右脚   ● 左脚推重心向左跨出

青少年啦啦操运动技能等级标准与测试方法

● 稳定重心收右脚 　　　　　　● 左脚推重心向后跨出

● 稳定重心收右脚 　　　　　　● 右脚推重心向右跨出

● 稳定重心收左脚

达标标准

///

一级测试总分=规定难度动作分数+成套组合分数。总分达到60分，则该等级达标。

二级测试

科 目

▎测试方法及要求 ▎

被测试者须完成规定难度动作及成套组合。被测试者上场呈站立位，准备好后向主考官举手示意，主考官给出口令提示并开始测试。口令为："规定难度动作一（二、三……）——准备——5、6、7、8（被测试者配合口令开始动作）——（口令结束）停。

规定难度动作：连续4次交替前踢腿、连续4次小分腿、双腿并脚提踵、单吸腿连续同向90°转体2次。每一个动作完成后考官评分。

成套组合：播放音乐，被测试者配合音乐完整做出成套动作。组合完成后，考官评分。

考官根据被测试者每一个动作完成的质量进行评分。其中，规定难度动作为10分/个（身体姿态直立舒展，动作完成过程连续且稳定，能明显看出身体的控制），总分40分；成套组合为60分（身体姿态直立舒展，手位动作发力迅速，移动时重心稳定、定位精准、路线清晰，节奏表达准确）。

二级测试
成套动作

▎动作图示及说明 ▎

● 连续4次交替前踢腿 ●

● 并腿站立，双手侧平举

● 右腿前踢

● 并腿还原

● 左腿前踢

● 并腿还原（左、右腿交替踢腿各2次）

● 连续4次小分腿 ●

● 双腿并拢呈屈膝姿态，双手后"M"
  叉腰

● 分腿起跳

• 落地缓冲（连续4次）

• 双腿并脚提踵 •

• 并腿侧身站立，双手后"M"叉腰

• 并腿直膝提踵，并保持1个8拍

• 屈膝，落地

• 站立还原

• 单吸腿连续同向90°转体2次 •

• 并腿站立,双手呈后"M"叉腰

• 左腿前吸腿

• 并腿还原

• 右腿前吸腿

• 并腿还原

• 左腿前吸腿并向左转体90°

• 并腿还原

• 右腿前吸腿

● 并腿还原（全套完整动作重复1次）

达标标准

//

　　二级测试总分＝规定难度动作分数＋成套组合分数。总分达到60分，则该等级达标。

三级测试

科　目

测试方法及要求

被测试者须完成规定难度动作及成套组合。被测试者上场呈站立位，准备好后向主考官举手示意，主考官给出口令提示并开始测试。口令为："规定难度动作一（二、三……）——准备——5、6、7、8（被测试者配合口令开始动作）——（口令结束）停。

规定难度动作：原地前、侧吸踢腿，连续2次纵跳＋小分腿跳，单腿吸＋抱腿控，连续4次吸腿提踵。

成套组合：播放音乐，被测试者配合音乐完整做出成套动作。组合完成后，考官评分。

考官根据被测试者每一个动作完成的质量进行评分。其中，规定难度动作为10分/个（身体姿态直立舒展，动作完成过程连续且稳定，能明显看出身体的控制），总分40分；成套组合为60分（身体姿态直立舒展，手位动作发力迅速，移动时重心稳定、定位精准、路线清晰、节奏表达准确）。

三级测试
成套动作

动作图示及说明

• 原地前、侧吸踢腿 •

• 双手下"M"，并脚站立

• 右腿前吸

● 落地还原

● 右腿前踢

● 落地还原

● 左腿前吸

● 并腿还原

● 左腿前踢

● 并腿还原

● 右腿侧吸

● 并腿还原

● 右腿侧踢

● 并腿还原

● 左腿侧吸

● 并腿还原

● 左腿侧踢

● 并腿还原

连续2次纵跳+小分腿跳

双手下"M",并脚站立

屈膝下蹲

并腿纵跳

落地缓冲

分腿起跳

落地缓冲(完整动作重复1次)

● 单腿吸＋抱腿控 ●

● 并腿自然站立

● 右腿吸，抱腿控

● 并腿还原

● 左腿吸，抱腿控

● 并腿还原

• 连续4次吸腿提踵 •

• 双手下"M",并脚站立

• 右腿前吸腿提踵

• 并腿还原

• 左腿前吸腿提踵

• 并腿还原

• 右腿前吸腿提踵

• 并腿还原

• 左腿前吸腿提踵

● 并腿还原

达标标准

///

三级测试总分=规定难度动作分数+成套组合分数。总分达到60分，则该等级达标。

四级测试

科 目

测试方法及要求

被测试者须完成规定难度动作及成套组合。被测试者上场呈站立位,准备好后向主考官举手示意,主考官给出口令提示并开始测试。口令为:"规定难度动作一(二、三……)——准备——5、6、7、8(被测试者配合口令开始动作)——(口令结束)停。

规定难度动作:三面叉、立转360°(左右腿均可)、纵跨跳。每一个规定难度动作完成后考官评分。

成套组合:播放音乐,被测试者配合音乐完整做出成套动作。组合完成后,考官评分。

考官根据被测试者每一个动作完成的质量进行评分。其中,规定难度动作为10分/个(身体姿态直立舒展,动作完成过程连续且稳定,能明显表现出身体对难度动作的把控),总分30分;成套组合为70分(身体姿态直立舒展,手位动作发力迅速、定位精准、路线清晰、节奏表达准确,相关的难度动作完成度佳)。

四级测试
成套动作

动作图示及说明

● 三面叉 ●

- 坐立姿势,上身直立,双手持花球,胸前直臂撑地,双腿两侧开胯,臀部、腿紧贴地面,直膝绷脚呈180°,膝关节、脚背朝上

- 坐立姿势,上身直立,双手持花球,两侧直臂撑地,双腿前后开胯,臀部、腿紧贴地面,直膝绷脚呈180°,前腿膝关节、脚背朝上,后腿膝关节、脚背朝外。同样的动作要求,转向另一面做竖叉

● 立转360° ●

● 站立姿势,手位clean位

● 前后弓步腿姿势站立,手位前侧 "L"

● 360°转动,身体直立,主力腿高立踵,动力腿前吸至主力腿膝关节处,手位加油位

● 开腿屈膝姿势站立,手位下 "V"

纵跨跳

• 站立姿势,手位clean位

• 向前做并步跳一次,手位横线位

• 空中两腿呈竖叉姿势,上身保持直立,
双手上"V"

• 落地稍屈膝缓冲,双手下"V"

达标标准

四级测试总分＝规定难度动作分数＋成套组合分数。总分达到70分，则该等级达标。

五级测试

科 目

//

▎测试方法及要求 ▎

被测试者须完成规定难度动作及成套组合。被测试者上场呈站立位，准备好后向主考官举手示意，主考官给出口令提示并开始测试。口令为："规定难度动作一（二、三……）——准备——5、6、7、8（被测试者配合口令开始动作）——（口令结束）停。

五级测试
成套动作

规定难度动作：原地后接环、连续4次180°平转、屈体分腿跳、前滚翻。每一个规定难度动作完成后考官评分。

成套组合：播放音乐，被测试者配合音乐完整做出成套动作。组合完成后，考官评分。

考官根据被测试者每一个动作完成的质量进行评分。其中，规定难度动作为10分/个（身体姿态直立舒展，动作完成过程连续且稳定，能明显表现出身体对难度动作的把控），总分40分；成套组合为60分（身体姿态直立舒展，手位动作发力迅速、定位精准、路线清晰，节奏表达准确，相关的难度动作完成度佳）。

....

▎动作图示及说明 ▎

• 原地后接环 •

• 站立姿势，手位clean位

- 头后仰,胸腰向后,主力腿向后上方伸起,一手随着胸腰向后触主力腿脚尖或踝关节,另一手胸前伸直

- 回站立姿势,手位clean位

● 连续4次180°平转 ●

- 主力腿前点地站立姿势,手位弓箭位
- 每次转体为180°,身体直立,双腿分开随转体高立踵,手位横线位

● 回站立姿势，手位clean位（连续4次）

● 屈体分腿跳 ●

● 站立姿势，手位clean位

● 立踵蓄力，手臂从上"V"经身体至下"X"，腿从立踵至下蹲

- 起跳至空中,上身尽量保持直立,臀部前屈,双腿呈横叉姿势,手位横线位

- 落地稍屈膝缓冲,手臂下"V"

● 前滚翻 ●

- 站立姿势,手位clean位

- 蹲下姿势,屈臂撑地,低头、提臀,准备向前翻滚

- 前滚时,头的后部、肩、背、臀部依次着地,当背着地时,迅速屈小腿,膝部靠紧胸,两手抱小腿

- 双腿并拢下蹲姿势,手于两腿外侧撑地

达标标准

//

五级测试总分=规定难度动作分数+成套组合分数。总分达到70分以上,则该等级达标。

六级测试

科 目

测试方法及要求

被测试者须完成规定难度动作及成套组合。被测试者上场呈站立位，准备好后向主考官举手示意，主考官给出口令提示并开始测试。口令为："规定难度动作一（二、三……）——准备——5、6、7、8（被测试者配合口令开始动作）——（口令结束）停。

规定难度动作：地面抱前（侧）腿、连续4次360°平转、侧跨跳、双臂侧手翻。每一个规定难度动作完成后考官评分。

成套组合：播放音乐，被测试者配合音乐完整做出成套动作。组合完成后，考官评分。

考官根据被测试者每一个动作完成的质量进行评分。其中，规定难度动作为10分/个（身体姿态直立舒展，动作完成过程连续且稳定，能明显表现出身体对难度动作的把控），总分40分；成套组合为60分（身体姿态直立舒展，手位动作发力迅速、定位精准、路线清晰，节奏表达准确，相关的难度动作完成度佳）。

六级测试
成套动作

动作图示及说明

● 地面抱前（侧）腿 ●

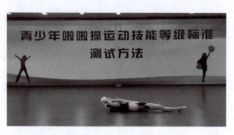

● 仰卧姿势，动力腿直膝绷脚背，朝胸前靠近同侧耳边，双手辅助，同时另一条主力腿与臀部紧贴地面，保持髋关节外旋、直膝绷脚背

• 侧卧姿势,动力腿直膝绷脚背,在体侧靠近同侧耳边,异侧手辅助,同时另一条主力腿与髋部紧贴地面,直膝绷脚背

连续4次360°平转

• 主力腿前点地站立姿势,手位弓箭位

• 每次转体为360°,身体直立,双腿分开随转体高立踵,手位横线位

• 回站立姿势,手位clean位(连续4次)

• 侧跨跳 •

• 站立姿势,手位 clean 位

• 向预跳方向侧弓步跨一步蓄力,
手位"W"

• 侧并步跳一次,手位"W"

• 起跳至空中,上身尽量保持直立,臀部
前屈,双腿呈横叉姿势,手位横线位

• 回站立姿势,手位 clean 位

双臂侧手翻

● 面向翻的方向,双臂胸前伸直,脚尖
前点地

● 身体充分伸展,沿垂直经分腿,手臂伸
直呈分腿倒立姿势

● 回到站立分腿侧点地姿势,手臂侧平举

达标标准

///

六级测试总分＝规定难度动作分数+成套组合分数。总分达到70分以上,则该等级达标。

七级测试

科　目

▎测试方法及要求▎

被测试者须完成规定难度动作及成套组合。被测试者上场呈站立位，准备好后向主考官举手示意，主考官给出口令提示并开始测试。口令为："规定难度动作一（二、三……）——准备——5、6、7、8（被测试者配合口令开始动作）——（口令结束）停。

规定难度动作：站立抱前腿、立转720°、行进间高科萨克跳、过肩翻。每一个规定难度动作完成后考官评分。

成套组合：播放音乐，被测试者配合音乐完整做出成套动作。组合完成后，考官评分。

考官根据被测试者每一个动作完成的质量进行评分。其中，规定难度动作为10分/个（动作完成过程中连续且稳定，能明显表现出身体对难度动作的把控），总分40分；成套组合为60分（身体姿态直立舒展，手位动作发力迅速、定位精准、路线清晰，节奏表达准确，相关的难度动作完成度佳）。

七级测试
成套动作

▎动作图示及说明▎

● 站立抱前腿 ●

● 站立姿势，主力腿脚前点地准备，预抱腿支撑站立，双手侧平举

- 重心移动至主力腿,上一动作中的站立腿快速上踢,双手顺势抱住上踢腿,控制3秒

立转720°

- 双腿前后屈膝,降重心准备起转,双臂一前一侧控制

- 单腿快速蹬起,吸腿紧贴于主力腿膝关节处,大腿平行地面,双手迅速收回呈"加油"手位,主力腿迅速立踝,同时向左或向右保持身体直立状态旋转720°

- 旋转720°之后,双腿落地呈屈膝状态,双臂回下"V"

• 行进间高科萨克跳 •

• 双手收于胸前,单腿支撑,准备并步动作

• 支撑腿快速蹬起,离开地面,双脚在空中快速并腿,双手垂直放于身体两侧,身体保持直立状态,完成并步起跳动作

• 并步之后向前小跑两步,快速起跳,左腿顺势向后屈膝收腿,右腿由脚尖带起,向右斜上45°快速上踢,呈高科萨克跳状态

• 跳跃后回落状态动作

• 过肩翻 •

• 单吸腿坐于地面,身体呈直立状态,双手放于两侧

• 重心向后移动,双手支撑腰部,呈肩肘倒立姿势

● 由肩肘倒立姿势双手脱离腰间,放于地面两侧,单腿脚尖向后点地,另一条腿保持垂直向上控制状态

● 过肩后,点地腿的脚尖向后滑,控制腿继续向上延伸控制,俯身贴于地面,双手侧平放

● 结束动作,俯身、并腿贴于地面,双手平放

达标标准

//

七级测试总分=规定难度动作分数+成套组合分数。总分达到75分，则该等级达标。

八级测试

科　目

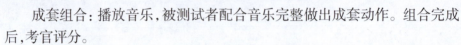

▍测试方法及要求▍

被测试者须完成规定难度动作及成套组合。被测试者上场呈站立位，准备好后向主考官举手示意，主考官给出口令提示并开始测试。口令为："规定难度动作一（二、三……）——准备——5、6、7、8（被测试者配合口令开始动作）——（口令结束）停。

规定难度动作：抱腿侧倒、阿拉C杠4圈、抱前腿转360°、反身屈体分腿跳、单臂侧手翻。每一个规定难度动作完成后考官评分。

成套组合：播放音乐，被测试者配合音乐完整做出成套动作。组合完成后，考官评分。

考官根据被测试者每一个动作完成的质量进行评分。其中，规定难度动作为10分/个（动作完成过程连续且稳定，能明显表现出身体对难度动作的把控），总分50分；成套组合为50分（身体姿态直立舒展，手位动作发力迅速、定位精准、路线清晰，节奏表达准确，相关的难度动作完成度佳）。

八级测试
成套动作

▍动作图示及说明▍

● 抱腿侧倒 ●

● 花球放于地面，双手侧平举，一脚站立、另一脚前点地

● 重心移至点地腿，站立腿迅速向上踢腿，呈前抱腿动作

- 以髋关节为定点,保持抱腿状态,身体向左(右)倾斜,两腿间夹角为135°,完成抱腿侧倒动作

- 抱腿侧倒完成后,返回站立状态

● 阿拉C杠4圈 ●

- 双腿前后屈膝降重心准备起转,双臂一前一侧控制

- 向右旋转360°,准备阿拉C杠的起势动作,主力腿屈膝,动力腿平行于地面,身体保持直立状态

- 摆动腿快速平行摆动180°控制,主力腿快速立踝,双臂顺势打开,向右旋转360°(完成4圈)

• 抱前腿转360° •

• 一脚侧面前点地站立,花球放于地面,手位呈芭蕾六位手

• 开手、开脚90°,呈抱腿转预备动作

• 重心移至点地腿,另一只腿快速上踢呈前抱腿状态,主力腿顺势快速立踝,保持立踝前抱腿状态向左(右)旋转360°

• 结束动作

• 反身屈体分腿跳 •

• 准备动作,面向7点方向站立

• 向前迈出右腿,向右做屈膝平转360°,完成反身动作,准备起跳

● 在空中完成屈体分腿跳动作

● 结束动作

● 单臂侧手翻 ●

● 准备动作

● 单臂支撑,单手持花球,完成侧手翻

● 结束动作

达标标准

//

八级测试总分=规定难度动作分数+成套组合分数。总分达到75分，则该等级达标。

九级测试

科　目

测试方法及要求

被测试者须完成规定难度动作及成套组合。被测试者上场呈站立位，准备好后向主考官举手示意，主考官给出口令提示并开始测试。口令为："规定难度动作一（二、三……）——准备——5、6、7、8（被测试者配合口令开始动作）——（口令结束）停。

规定难度动作：高控腿、阿拉C杠4圈+立转720°、水平前控腿转360°、屈体分腿三连跳、侧空翻。每一个规定难度动作完成后考官评分。

成套组合：播放音乐，被测试者配合音乐完整做出成套动作。组合完成后，考官评分。

考官根据被测试者每一个动作完成的质量进行评分。其中，规定难度动作为10分/个（动作完成过程连续且稳定，能明显表现出身体对难度动作的把控），总分50分；成套组合为50分（身体姿态直立舒展，手位动作发力迅速、定位精准、路线清晰，节奏表达准确、相关的难度动作完成度佳）。

九级测试
成套动作

动作图示及说明

● 高控腿 ●

● 准备动作，双腿一前一后站立，双手贴于体侧

● 单腿支撑，双手侧平举，单腿135°控制，身体可略有倾斜，完成高控腿动作

• 阿拉C杠4圈＋立转720° •

• 完成4圈阿拉C杠

• 过渡到立转姿势后，向同方向继续完成720°立转

水平前控腿转360°

- 准备动作

- 重心移至左腿支撑,右腿水平向前控制,向左旋转360°,双手上"H",完成水平前控腿转360°动作

屈体分腿三连跳

- 准备动作,双臂上"V",身体保持直立状态,重心向上提起立踝

- 双臂由上至下于胸前交叉,双腿屈膝降低重心,准备蓄力起跳

- 迅速向上蹬地起跳,空中呈屈体分腿跳动作状态,回到地面缓冲(连续重复3次)

• 侧空翻 •

• 助跑后完成侧空翻动作

达标标准

九级测试总分=规定难度动作分数+成套组合分数,总分达到75分,则该等级达标。